Andreas Engel

Holsteinische Kroniken

Andreas Engel

Holsteinische Kroniken

ISBN/EAN: 9783744636285

Hergestellt in Europa, USA, Kanada, Australien, Japan

Cover: Foto ©ninafisch / pixelio.de

Weitere Bücher finden Sie auf **www.hansebooks.com**

Holsteinische Chronica.

Darinnen Ordentliche Warhaftige Beschreibung / der Adelichen

Geschlechter / beneben derselben Wapen / Stam̃ Register vnnd Bildnissen: So wol auch / wie in einem Register angezeigt / Woher die Städte den Namen haben / Wo / oder an welchem Ort sie gelegen / Wenn / vnd von wem sie erbawet / vnd mit Stadt Recht bewidmet worden.

Sampt einem nützlichen Bericht / wie Mannlich vnd tapffer sich der Adel vnd Stedte in Krieges vnd andern leufften erwiesen / vnd was sie für Fewers Noth außgestanden.

Auß glaubwirdigen Scribenten mit fleiß zusammen getragen / vnd in Druck verfertiget / Durch

M. ANDREAM ANGELVM Struthiomont.

Ander Theil.

M. D.   XCVI.

CVM PRIVILEGIO.

In verlegung Henningi Grossen vnd Christoff Arino-

Vorrede an den guthertzigen Leser.

Nach dem ich guthertziger lieber Leser / mein Holsteinische Adel Chronicon auff bitt etlicher guter leut verfertiget / zwar anfenglich nicht der meinung / als das es durch den Druck solt publiciret werden / hab ich mich doch bewegen lassen / vnd weil in demselbigen Chronico / offtmals vieler Stedte im Lande gedacht wird / auch bey dem mehren teil der geschichten so hierinn beschrieben werden / ort vnd stelle vmbstendiglich gezeiget / wie dann auch ohne das nichts ohne anmeldung des orts / wolle vnd kan ausfürlich eingenommen werden / hab ich dem Liebhaber der Historien zu gefallen / als auch auff anlangē der verleger vnd anderer guter freunde / diese ordentliche beschreibung der Stādt Chronica zuuerfassen / vor die hand genommen / welches so gut als mirs Gott bescheret / ich der Historien Liebhabern wil mitgeteilt haben / verhoffe es werde diese meine arbeit so viel dāsto lieber / vnd dem guthertzigen leser angenehm sein / welches da es geschehe / werde ich weiter vrsach gewinnen / mich mit andern dergleichen volkommenen vnd nützlichen Wercken an das Liecht zu machen / Mittler weil wolle jm der guthertzige Leser / diesen meinen hieran angewandten fleis vnd vnkost gefallen vnd Gott dem allmechtigen in gnaden befolen seyn lassen / Datum Straußberg den 20. Augusti Anno 96

Epigram-

Epigrammata quædam
In eam sententiam, quod virtutis semina generatione
communicentur liberis.

PVlcrum est ex veteri ac generoso sanguine (cretum
   Esse, nec à proauis degenerare suis,
Communis siquidem nos experientia vitæ,
   Vim claræ soboli stirpis inesse docet.
A timidis timidi, fortes à fortibus ortum
   Non immutato sanguine sæpe trahunt
Sic patrum residet virtus in bobus equisq;
   Nativum retinet quælibet herba decus.

ALIVD.

SCilicet in sobolem virtus transire parentum
   Consueui, bonus atq; bona cadit arbore fructº:
Maternus tantum in natis, tantumq; paternus
Sanguis robur habet: si quod decus inde profectum
Tollere nulla dies: & nulla iniuria possit. (est,
Si macula aut labes sceleris concepta sit inde
Nulla dies vnquam memori illas eximat ævo.

ALIVD.

QVi viret in folijs venit ab radicibus humor
   Et patrū in natos abeunt cum semine mores,
Magna quidem laus est, claro de sanguine nasci:
   Major honestatis facta decusq; sequi:
Maxima, nosse Deum fontem metamq; boriorum,
   Vti forte, piè viuere, ritè mori.

Beschreibung der Stadt Lübeck. 1

Das Erste Capitel/
Von der Löblichen freyen Reichs-Hause vnd Seestadt Lübeck.

I.
Vom Namen der Stadt Lübeck.

DJe Stadt Lübeck (anfenglich Butha/ oder Bute/ von des Wendischen/ Mechelburgischen Königes Godtschalci elteſten Sohn Buthue alſo genandt) ſol nach Hermanni Bonni bericht/ den Namen haben von einem Fiſcher *LV-BA* geheiſſen/ der ſich daſelbſt enthalten: Wie denn allda vor der Erbawung der alten Stadt Lübeck viel Fiſcherbuden geſtanden haben.

Andere meinen/ Lübeck ſey ein *compoſitum*, oder ein zuſammen geſetztes wort/ aus LOB vnd ECK/ das es ſo viel ſey vnd heiſſe/ als eine Ecke des Lobes/ dieweil dieſe Stad nicht weit von den dreyen Königreichen/ als Dennemark/ Schweden vnd Norwegen gelegen/ alſo das man aus denſelbē die Güter zu Waſſer aus vnd ein ſchiffen vnd bekommen kan.

Etliche haltens auch dafür/ das Lübeck ein Wendiſch wort ſey/ vnd ſo viel bedeute/ als bey vns Deutſchen das wörtlein KRON/ darumb das dieſe Stad eine Zierd vnd eine Kron iſt des Reichs in Deutſchland.

A   Ich

Beschreibung der Stadt

Ich aber halte es darfür/ das sie von Lubemaro/ einem Rügischen oder Wendischen Fürsten/ der sie (wie hernach folgen wird) hat helffen erweiten/ den Namen Lübeck bekommen habe.

II.

Vom Situ oder Lager der Stadt Lübeck.

Es hat die Stad Lübeck anfenglich gelegen am Wasser/ die Schwartaw genant. Nachmals ist sie anders gebawet/ vnnd zwischen den beyden Wassern die Trawe vnd Wagenitz/ da sie noch jetzt stehet/ auffgerichtet worden. Das Land aber/ darinn sie ligt/ hat man von vielen Jahren her *VVAGRIAM* oder Wagerland genennet/ welches vor zeiten den Obotriten zustendig gewesen/ jtzo aber mit zum Lande Holstein gerechnet wird. Die *Longitudo* ist (nach *Petri Appiani* abrechnung) 28. Grad vnd 20. Minuten/ die *Latitudo* aber 54. Grad vnd 48. Minuten.

Lübeck.

III.
Vom Erbawer der
Stadt Lübeck.

ANfenglich sol sie (wie die Chronicken
melden) König Godscalcus in Wend=
land/im Ein tausent vnd viertzigsten
Jahr nach Christi Geburt/ erbawet
haben. Nachmals ist sie durch Lu=
bimar vnd Crito/ des Rugianischen Fürsten Gri=
mi Sohn/ im Ein tausent/ Einhundert vnd vierden
Jahr nach Christi geburt/ mercklich gebessert vnd
grösser gemacht worden. Als aber Raze/ der
Fürst in Rügen/ dieselbe zerbrochen/ ist sie im Ein
tausent/ Ein hundert vnd Viertzigsten Jar/ durch
Herrn Adolphum dis namens den Andern/ Graf=
fen in Holstein/ zwischen die Trawe vnd Wagenitz/
da sie noch ligt/ gebawet vnd auffgerichtet wor=
den/ welcher Graff Adolph sie auch erst mit Stad=
recht bewidmet. Da sie auch hernach von Nicoloto/
einem Wendischen Herrn in Mechelburg vberfallē
vnd geplündert/ vnd folgendes im Tausent/ Ein=
hundert vnd Acht vnd Funfftzigsten Jahr gantz
verbrand worden/ hat sie Hertzog Heinrich der Lö=
we wider auffgebawet/ vnd mit Privilegien sehr
begabet. Im Tausent/ Ein hundert vnd sieben=
tzigsten Jahr begunte Hertzog Heinrich der Löwe/
vnd Bischoff Heinrich/ den Thumb zu Lübeck/ der
noch heut zu tage stehet/ in die Ehre S. Johannis
Baptistæ, vnd S. Nicolai/ grösser zu machen/ darzu
legte der Hertzog den ersten Stein. Auch baweten
sie ein Kloster in die Ehre S. Johannis Evangeli=
sta/ des Ordens S. Benedicti/ vnd dis Closter ward

A ij   hernach

Beschreibung der Stadt hernach gen Eisner gelegt. Das also Graff Adolph der Ander in Holstein/ Hertzog Heinrich der Löwe/ vnd Bischoff Heinrich/ die rechten Erbawer der jetzigen Löblichen vnd Berühmbten Stadt Lübeck sein.

IV.
Vom Fewer vnd Kriegs-
noth/ so die Stad Lübeck außgestanden.

SO viel die Historien außweisen/ hat diese Stadt viel Fewer vnd Kriegsnoth außgestanden/ Welches ich doch nur auffs kürtzeste nach der Jahrzal anzeigen wil/ Sintemal *Hermannus Bonnus*, *Justinus Gablerus*, *Krantzius*, *Chytræus*, vnd andere alles weitleufftig gnug zuvor vermeldet haben.

Anfenglich aber melden die Chronicken/ das Fürst Raze in Rügen/ der im tausent/ einhundert vnd ein vnnd viertzigsten Jahr gestorben/ die alte Stadt Lübeck nicht allein eingenommen/ sondern auch gar vmbgekehret habe: Dannenher Graff Adolph betrogen worden/ dieselbe hernach zwischen der Trawe vnd Wagenitz zubawen.

DArnach hat sie Nicolotus/ der Wendische Fürst/ vberfallen/ geplündert vnd außgebrandt/ im Tausent/ Einhundert vnd Acht vnd funfftzigsten Jahr.

Im Tausent/ einhundert vnd zwey vnd Achzigsten Jahr/ hat Keyser Friederich/ die Namens der Erste/ Lübeck belagert vnd eingenommen/ dem Römischen Reich vnterworffen/ zu einer Freyen vnd Keyserlichen Reichsstadt/ auch zum Heupt aller

ше Seestedte gemacht/ vnd mit herrlichen grossen
Privilegien auffs newe belehnet vnd begabet: Hernach hat sie Hertzog Heinrich der Löw widerumb
eröbert/im Tausent/Einhundert vnd Neun vnd
achtzigsten Jahr/dem sie aber Graff Adolph aus
Holstein genommen/im Tausent/Einhundert vnd
Fünff vnd neuntzigsten Jahr.

Fünff Jahr nach Hertzog Heinrichs Tod/ das
ist/ im Tausent vnnd Zweyhunderten Jahr nach
Christi geburt/ hat Hertzog Woldemar zu Schleswig/ Königs Kanuti in Dennemarck Bruder/
diese Stadt/sampt Hamburg/ bekrieget/ vnd vnter die Kron Dennemarck gebracht.

Im Ein tausent/zweyhundert vnd Neunden
Jar/ist Lübeck/bis auff Fünff Heuser/ gar ausgebrandt/davon die Strasse daselbst noch heutiges
Tages die Vyffhuse (Fünff Heuser) genennet
wird.

Nachmals als die Dehnischen den Bürgern zu
Lübeck vntregliche Bürden aufflegten/ ergaben
sich die Lübecker widerumb ans Römische Reich/
im Tausent/ zweyhundert vnd sechs vnd zwantzigsten Jahr / eröberten mit gewapneter Hand die
Burg in der Stadt/ so die Dehnischen innen hatten/, Schlugen darnach die Feinde auff Marien
Magdalenen tag / im Tausent/ zwey hundert vnd
sieben vnd zwantzigsten Jahr/ in die flucht/ vnnd
freyeten sich also aus aller Dienstbarkeit der Dehnischen.

Im Tausent/ zwey hundert vnd acht vnd dreissigsten Jahr/ist die Stad durch Fewer sehr beschediget worden. Derwegen ist geboten worden/ die
Heuser daselbst hinfort nicht mit Rohr vnd Stro/
sondern mit Ziegelsteinen zu decken: Wie deñ auch
folgendes geschehen.

A iij   Im

Beschreibung der Stadt

Im Tausent/zwey hundert vnd ein vnd funfftzigsten Jahr/ brandte Lübeck halb aus.

Im Tausent/ Zwey hundert vnd Neun vnd neuntzigsten Jahr/ vertrieben die von Lübeck zween Bischoff aus der Stadt.

Im Tausent/ Drey hundert vnd Sechs vnd funfftzigsten Jahr/ ist das Rathhaus zu Lübeck abgebrandt. Etliche setzen das Tausent/ Drey hundert vnd Sechs vnd sechtzigste Jahr.

Im Tausent/ Vierhundert vnd achten Jahr/ hat sich eine beschwerliche Empörung zu Lübeck wider den Rath erhoben/ durch anreitzen etlicher Ehrgeitzigen Leute/ die auch gerne hoch hinan gewesen weren/ Vnd ist demnach der alte Rath aus der Stadt gewichen/ Vnd sind die Redlinsführer solcher Empörung wider ins Regiment getretten.

Im Achten Jahr hernach/ den Dinstag nach Trinitatis/ ist der alte Rath mit hohen begierden gemeiner Bürgerschafft/ durch des Keysers Sigismundi Legaten ehrlichen wider eingeführet/ vnd mit den vorigen Digniteten begabet worden. Die Redlinsführer aber der vorigen Empörang/ hat man mit dem Schwerdt gerichtet.

Im Tausent vnd Fünffhunderten Jahr nach Christi Geburt/ ward König Johannes in Dennemarck der Stadt Lübeck feind: Welche Feindschafft aber durch den Cardinal Raimundum/ vnd durch Hertzog Friderichen in Holstein/ des Königes Bruder/ Item/ durch Hertzog Magnum in Mechelburg/ etc. vertragen vnd beygeleget ward.

Im Tausent/ Fünff hundert vnd Sechsten Jahr/

Lübeck.　　　8

Jahr haben die von Lübeck/zu erhaltung vnd beförderung der alten Privilegien vnd Gerechtigkeiten/ schweren Krieg mit den Hertzogen in Mechelburg/vnd jren Bundsgenossen/ geführet. Dieser Krieg ist hernach im Tausent Fünffhundert vnd achten Jahr/vmb S. Jacobs Tag also vertragen worden/dass/wer schaden empfangen hette/der solte jhn behalten/doch ohn derer von Lübeck alten Privilegien vnd Gerechtigkeiten abbruch vnd zerrückung.

Vnd im Tausent Fünffhundert vnd Achten jahr/am Ostermontag in der Nacht/ist vnser lieben Frawen Kirch zu Lübeck abgebrand/die aber noch im selben Jahr widergedecket worden.

Darnach hat sich der langwirige Krieg zwischē der Stad Lübeck vnd dem König in Dennemarck erhaben/davon vnnötig allhie viel zu schreiben.

Also haben sich auch im Tausent Fünffhundert vnd Ein vnd zwantzigsten jahr die von Lübeck mit andern Seestedten/wider König Christiern in Dennemarck verbunden.

Im Tausent Fünffhundert vnd Neun vnnd zwantzigsten Jahr/ward der Rath zu Lübeck vneins mit den Bürgern/wegen der Religion.

Im Tausent Fünffhundert vnnd Fünff vnd dreissigsten Jahr sind die von Lübeck mit König Christiano dem Dritten in Dennemarck/des jtzigen Königs Grosvater in ein beschwerlichen krieg gerathen/Welcher durch Marx Meien/so in Dennemarcken/vnd einem Wollenweber/so zu Wolffenbüttel hernach gerichtet/erreget vnd angestifft worden/Es ist aber solcher Krieg/inn welchem die Stad Lübeck etliche Monat lang belegert gewesen/durch verleihung Göttlicher Hülff vnd Beystand/im folgenden jahr zu Hamburg/vertragen vnnd gütlich beygelegt worden/von den Hertzogen zu Sachsen vnd Lünenburgk/vnd den Landgraffen in Hessen.

Im

Beſchreibung der Stadt

Im Tauſent fünffhundert vnd drey vnd ſechtzigſten Jahr / waren die von Lübeck auff Königs Friderici des Andern in Dennemarck ſeiten / wider König Ericum in Schweden / da ſie viel Schiff vnd Kriegs Leute ausgerüſtet / Welcher Krieg / nach dem er ſieben gantzer Jahr gewehret / endlich durch vnterhandlung der Röm: Keyſ: Majeſt: des Königs von Franckreich / vnd des Königs von Polen zu Stetin im Tauſent fünffhundert vnd Siebentzigſten Jahr / vertragen worden.

V.

Von der Stadt Lübeck
Inſigel oder Wapen.

Der Stadt Lübeck Inſigel oder Wapen / ſo ſie von vielen Jahren her / ſo lange ſie eine Reichsſtad geweſen / geführet vnd gebrauchet / iſt der Römiſche zweyköpffige ſchwartze Adler / im weiſſen felde / der auffm Heupt die Keyſerliche Kron / ſampt dem Reichs Apffel hat / auff der Bruſt aber einen Schild / oben weis vnd vnten rot / wie folgende Figur ausweiſet.

Das

Beschreibung der Stadt
Das Ander Capitel.
Von der Löblichen und Weitberühmbten Stadt Hamburg.

Vom Namen der Stadt Hamburg.

Lbertus Krantzius, ein fleissiger Beschreiber der Sechsischen historien/ hält es dafür im Ersten Buch Saxoniæ / am Eilfften Capitel/ das Hamburg diesen Namen empfangen habe / von einem trefflichen Kempffer und Kriegsman / HAMA genannt. Denn als vor zeiten die Sachsen einen ewigen Hass und Krieg mit den Dennemerckern hatten / ist solcher unfried zu letzt von beiden Parten heimgestellet worden/ zween trefflichen starcken Helden. Die Dennemercker hatten auff jhrer seiten einen ungehewren grossen und starcken Mann / mit Namen STARKATER/ welcher neben seiner ungehewren grösse und höhe/ auch die stercke und den Muth hatte. Gegen dem stelleten die Sachsen auff eigen Fechter/ mit Namen HAMA/ der nicht weniger unter jhnen beruffen war/ als jener unter den Dennemerckern. Dem sie denn (damit er solche fahr nicht hette auszuschlagen) so viel Goldes verhiessen/ das es seinen Leib uberwegen solte. Darauff erbot er sich/ den Kampff anzunemen/ und das beste

zu

Hamburg.

zuthun/vnd lies sich den grossen vnd starcken Rie-
sen/der mit jhm zu kampffe gehen solte/gar nichts
schrecken/Sondern gedachte/Es köndte auch inn
einem kleinen Leibe eine stercke sein. Es foderten
wol erstlich die Sachsen zu Duell auff/der Dennemercker König/der nu zimlich erwachsen/vnd seiner Mennlichen Thaten halben für vnüberwind-
lich gehalten ward. Die Dennemercker aber/die-
weil sie es dafür hielten/es wolte jhnen vnlöblich
nachgesaget werden/so sie jren König gegen einem/
der vngleiches standes were/im kampff auffstelle-
ten/liessen an seine stat aufftretten den Starka-
ter. Also kömpt man zusammen auff dem Platz/
so zum Kampff beschlossen war. Hama vertröstete
sich auff seine stercke/gieng mit einem vnerschro-
ckenem Hertzen gegen seinen Feind/vnnd gab jhm
einen streich mit der faust/das er zu boden fiel. Aber
Starkaterus richtete sich bald wider auff/lieff zu
seinem Schwert/vnd wolte damit seinen Feind zu
boden schlagen/sintemal er mit ringen nichts ausrichten kundte: Wie denn auch geschahe. Denn er
führete einen gewaltigen streich auff den Haman/
fehlete seiner auch nicht/Sondern zerspaltete jhm
sein Heupt/vnd brachte jhn vmbs leben. Diese ge-
schicht sol der Stadt Hamburg diesen Namen ver-
lassen haben/das sie nachmals von Hama/Ham-
burg ist genennet worden.

Andere haltens dafür/das die Stadt Hamburg den Namen habe vom Abgott: *Jove Hammo-
nio*, der vorzeiten in Lybia gheehret worden. Dis
widerleget Krantzius in Saxonia. lib. 1. cap. 11. Da
er also schreibet: Jch halte nicht/das Hamburg
den Namen habe vom Hammone dem Lybier.
Den wie ists müglich/das desselben gedechtnus
auff die vnsern hat gereichen können?

B ij   Die

Die Dritten sagen/ sie habe den Namen vom Walde Hama: Wie denn dieser meinung ist *Christophorus Sylvius Hamburgensis*, da er also schreibet:

Hamburgum, sylva cui notum nomen ab Hama.

II.

Vom Situ oder Lager der Stadt Hamburg.

DJe Stadt Hamburg ligt an dem Elbstrom/ inn der beruffenen Graffschafft Stormarn/ welche vom Wasser die Störa genandt/ den Namen hat/ zwischen der Bilda und der Alster. Diesen Situm oder Orth Landes/ darinn Hamburg ligt/ sampt des *Poli* höhe/ daraus die Gelehrten der Stadt Hamburg Lager desto besser wissen können/ beschreibet *Christophorus Sylvius Hamburgensis*, in folgenden Versen also:

Vrbs jacet indigena Stormarso Saxonis agro,
Hic ubi transverso vertex Aquilonius axe
Quinq, ab humo decies & partes quatuor exstat,
Hamburgum, sylva cui notum nomen ab Hama,
Inter Billa tuos, & olorifer Alstria ductus.

Und *Petrus Appianus* schreibt/ das der Stad Hamburg *Longitudo* sey 27 Grad/ und die *Latitudo* 54 Grad/ und 24 Minuten.

Vom

III.

Vom Erbawer der Stadt Hamburg.

Er die Stadt Hamburg anfenglich gebawet/ vnd wenn es geschehen/ kan ich eigentlich nicht wissen. Diß aber melden die Historici/ das der Bischoff zu Hamburg/ mit Namen *Bezelinus*, der im Tausent vnd Sechs vnd Viertzigsten Jahr nach Christi Geburt von hinnen geschieden/ zun zeiten Keyser Heinrichs des Dritten/ diese Stadt erstlich mit einer Mawren vmbfange/ vnd daran drey Thor (dannenher ich halte/ das sie drey Thürme im Wapen führet) vnd zwelff Thürme gebawet habe. Sein Successor Albertus/ ein Beyerischer Graff/ hat zum ersten eine Steinerne Kirch allda gebawet. Hertzog Bernhard zu Sachsen hat zu Hamburg anfenglich ein Schloß an der Alster gebawet/ da nun der Stadt Marstall ist/ darnach aber hat er die Neweburg auffgerichtet an dem Ort/ da die Elbe vnd Alster zusammen kommen/ welches ein anfang der Newenstadt gewesen ist.

Hamburg.

Im Ein tausent vnd Fünff vnd Sechtzigsten Jar / vnter Keyser Heinrichen dem Vierden/ ward das Schloß zu Hamburg / so wider die Wenden gebawet / sehr berüchtiget, wiederumb abgebrochen / vnd ward den Christen viel leides gethan.

Da Graff Adolph in Holstein, diß Namens der Dritte / im heiligen Lande war / kam Hertzog Heinrich der Löwe auß Engelland / vnd nam Staden vnd Hamburg ein. Da aber der Graff wider anheim kam / eroberte er Hamburg wider / wie auch Lünenburg.

Im Tausent / Einhundert vnd viertzigsten jahr nach Christi Geburt / ist Hamburg verbrand vnnd verwüstet worden.

Nicht lange hernach nam Hertzog Woldemar zu Schleswig Hamburg ein.

Im Tausent / Zwey hundert vnd Ein vnd Achtzigsten Jahr / brändte Hamburg in die lenge mehr denn halb auß / also das viel Leute / beyde Mann vnd Weibs Personen im Fewer todt blieben.

Im Tausent / Vierhundert vnd Ersten Jahr / haben die Hamburger etliche Raubschiffe bekommen / auff welchen vnter andern Stürtzebach vnd Gödicke Michael gewesen / darvon noch ein Lied vorhanden.

Im Tausent / Vierhundert vnd Drey vnd achtzigsten Jar / war ein aufflauff in der Stad Hamburg von etlichen Parten der Gemeine. Der Rath kriegte beyfall / vnd wurden etliche Auffrührer mit dem Schwerdt gerichtet.

Von

V.
Von der Stadt Hamburg Wapen oder Insigel.

Er Stadt Hamburg Insigel oder Wapen/ist eine Burg mit dreyen Thürmen/ vnter welchen mittelsten ein Nesselblat/ wie folgend zu sehen/stehet.

Wapen der Stadt Hamburg.

Hamburg.

C Das

Das Dritte Capitel/
Von der Stadt Flensburg.

I.
Vom Namen der Stadt Flenßburg.

Je Stadt Flensburg/ von den Gelehrten *Flenopolis* genandt/ hat den Namen von jhrem Erbawer Flenone/ das es so viel sey/ als Flenonis Burg.

II.
Vom Situ oder Lager der Stadt Flensburg.

Je Stadt Flensburg ligt in Suder-Judland/ welches auch ein theil ist des Hertzogthumbs Schleswick/ vnnd heist die gegend Angeln/ daraus die Engellender/ wie jhre Historienschreiber selbst bekennen/ jhre Ankunfft vnd Vrsprung haben/ Welches auch der Stadthalter hin vnd wider in seinen tractaten *claris argumentis & rationibus demonstrirt*/ an einem gelegenen Arm vnd Anfurt der Ostsee/ daher auch ein herrlicher Kauffhandel von mancherley Wahren allda ist. Die *Longitudo* ist 28. grad/ vnd 18. minuten: Die *Latitudo* 56. grad/ vnnd 7. minuten.

Flensburg.

LII.
Vom Erbawer der Stadt Flensburg.

Er Erste Erbawer dieser Stadt sol haben FLENO geheissen/ von dessen ankunfft aber/ vnnd Geschichten mann nichts bey den Historienschreibern findet/ Wie auch diese nachfolgende Verßlein außweisen/ die also lauten:

Me Fleno struxit vicino in littore ponti,
Nota satis non est cujus origo viri.

Im Tausent/Zwey hundert vnd Acht vnd achtzigsten Jahr nach Christi Geburt (etliche setzen das Tausent/Zwey hundert vnd Vier vnd achtzigste) hat sie Hertzog Woldemar in Judtlandt mit Stadtrecht bewidmet.

Graff Nicolaus aber zu Holstein/ Graffen Gerhardi/ des Dritten/ Sohn/ vnd Graff Heinrichs/ des Eysern/ Bruder/ hat wider die Dennemercker den Berg zu Flesburg befestiget/ vnd den Bürgern daselbst erleubet/ das sie eine Mawr vmb die Stadt herumb führen möchten / Wie beyde Krantzius *lib. 10. Saxoniæ cap. 9.* vnd Henninges in seinen *Genealogiis* bezeugen.

König Erich in Dennemarck/ geborner Hertzog in Pomern/ etc: ließ einen sehr tieffen Graben herumb führen/ wie er noch heutiges tages zu sehen ist/ hieß auch die Mawr erheben/ vnd den Berg/ so nahe dabey war/ mit einem Graben verwaren.

C ij   Von

IV.

Von Fewer vnd Kriegs-
noth/ so die Stad Flensburg außgestanden.

Rantzius schreibet am jetztgedachten orte/ das König Woldemar von Dennemarck die Stad Flensburg/ da dieselbe noch offen vnd vnverwaret gewesen/ offt belagert habe. Ob er sie aber auch gewonnen/ zeiget er nicht an.

Da König Erich in Dennemarck/ Schweden vnd Norwegen/ geborner Hertzog in Pomern/ etc. Graff Heinrichen in Holstein/ der seines Bruders Hertzogen Gerhardts Söhnen Vormundt war/ mit harten Drewworten die Stad Flensburg/ als ein Pfandschilling abgedrungen/ vnd gedachter König dieselbe aus seinen Henden nicht wider lassen wolte/ vnangesehen/ das solches der Graff/ neben den andern Vormunden/ mit darlegung der Eilff tausent Gülden/ dafür die Stadt versatzt war/ bittlich begeret/ trachteten die Holsteiner mit allem fleiß darnach/ wie sie dieselbe möchten wider ein gewinnen/ darumb das sie zu den Handthierungen zu Wasser vnd Lande wol gelegen war. Erich Krummendick der Ritter/ nam etliche Knechte zu sich/ vnd kam hinein auff der seiten/ da sie nach dem Meer gelegen. Er kam erstlich vnter die Mönche/ vnd nam darnach die Stadt leichtlich ein. Jedoch namen die Königischen den Berg ein/ vnd nach dem die Schiffe aus Dennemarck auch ankamen/ stürmeten sie davon auff die Stad zu/ die aber doch von

den

Flensburg.

den Holsteinern/ so darinne waren/ tapffer geschützet/ vnd den jungen Hertzogen auffgehalten ward/ in welcher gewalt sie hernach blieb.

Nachmals machte sich der König wider dran/ vnd bekriegete sie. Die Hertzogin aber/ der jungen Herrn Mutter/ Hertzog Gerhardts des Dritten/ nachgelassene Widtwe/ forderte die Brüder/ die Hertzogen von Braunschweig zu hülffe/ vnnd that jhm widerstandt. Also ward darnach die sache nicht mehr mit Kriegen/ sondern auff handelung vorgenommen/ vnd also vertragen/ das der König zusagte/ er wolte den Berg sampt der Stadt den Holsteinern lassen bleiben. Mit diesem erbieten war man zu frieden. Dieweil aber nichts draus erfolget/ zog der Hertzog von Braunschweig in Flensburg hinein/ doch nicht so starck / als zuuorn / darumb/ das es die Holsteiner noch inne hatten/ vnnd gedachte draus den Berg zu stürmen. Es war aber die rote Ruhr vnter das Kriegsvolck kommen/ vnd hatte so sehr vberhand genommen/ das solches stürmen verbleiben muste. Da satzte darnach der König der Stadt von dem Berge stercker zu/ vnd kriegete sie wider ein. Die fürnembsten Bürger aber/ lies er zum theil auff Reder legen/ zum theil entheupten/ vnd mas jhnen zu/ als hetten sie jrer Eyde vnd Pflichten an jhm vergessen.

Darnach im Tausent/ Vierhundert vnd Sieben vnnd Zwantzigsten Jahr / als König Erich die Stadt Flensburg noch innen hatte / vnnd aber die Hertzogen in Holstein kein bequemer Mittel wusten/ jre Hertzogthumb/ des sie nu mehrer theils entblösset waren / wideramb zu erlangen/ denn diese Stad Flensburg/ bekamen sie hülff von den Seestedten/ zogen für Flensburg/ vnd belagerten es.

C iij   Die

Beschreibung der Stadt

Dieweil uber des ernanten tages/darauff man anheben wolte die Stadt zu stürmen/ ein tumult im Lager ward/ den die Hamburgischen Knechte/ so vielleicht zu viel getruncken hatten/ anrichteten/ die Nacht für Christi Himmelfartstage/ also das ein geschrey auffgieng/ vnd niemand wuste/woher/ das derer von Hamburg Knechte schon in der feinde gewalt weren/kam solch geschrey endlich für den Fürsten/ Hertzog Heinrichen zu Schleswig/der gedachte/wie er es hörete/ er müste jhnen zu hülffe kommen. Als er nun darauff an die Stadt kam/ an der Feinde Schantzen/befand er/ das es alles stille wär/vnd verwunderte sich derhalben/ woher das geschrey kommen were. Da wolte er darauff vber einen grossen starcken Zaun/welchen die Dennemercker für jren Stadtgraben her gezogen hatten/ auff eine Leiter sehen/was sie darinnen machten. Aber ein Dennemercker stach mit einem spies durch den Zaun hin/ traff dem Hertzoge den Leib vnter dem Pantzer/vnd verwundete jhn also hart/ das er nicht lange darnach lebete. Nach seinem tode verlieff sich das Kriegsvolck/so von den Stedten zu hülff war gesandt worden/ ob sie wol von Hertzog Adolphen den Achten/ Henrici Bruder/ höchlich gebeten wurden/das sie bleiben solten/ vnd ward also die Belagerung abgeschafft.

Vom

V.
Vom Wapen der
Stadt Flensburg.

Dese Stadt hat zum Wapen vnd Insigel einen hohen Thurn/ oder eine Burg/ daraus zweene Löwen halb heraus sehen/ wie folgende Figur ausweiset. Welch Wapen jhnen die Hertzogen von Schlesowigt geben / so g.eichfals Löwen führen.

Das Vierde Capitel/

Von der Stadt Schleßwick.

I.

Vom Namen der Stadt Schleßwick.

Ie Stadt Schleſowick (darvon ſonſt das gantze Land vmbher/ welches von der Eydor vnd Rendesburg bis an Coldingen auff achzehen Meilweges/ inn die lenge erſtrecket/ das Land oder Hertzogthumb Schleſowick genennet wird) hat den Namen von einem Waſſerfluß/ Sleja, Slija, oder die Slije genant/ ſo da entſpringet im Walde Pöle/ nicht ferne vom Fürſtlichen Holſteiniſchen Schloſſe vnd Hoflager Gottorp/ folgendes vor Gottorp vnd Schleſowick vorüber leufft/ vnd letzlich in die Oſtſee felt. Daher ſchreibet der Edle/ Geſtrenge vnd Ehrnveſte Herr Heinrich von Rantzow/ Königlicher Dennemerckiſcher Stadthalter im Hertzogthumb Schleſwick vnd Holſtein/ etc. in ſeinem *Encomiis Vrbium Holſatiæ* hievon alſo:

Sleſuuigam porrò nos illam dicimus inde,
   Quod Slijæ ad curvum eſt ædificata ſinum.

Vom

II.

Vom Situ oder Lager der Stadt Schleßwick.

Auß dem/ was jetzo vom Namen der Stadt Schleßwick gesagt worden/ kan man leichtlich den Situm/ oder das Lager dieser Stadt abnemen/ als das sie am Wasser/ die Slye genandt/ lige. Die *Longitudo* ist 28 Grad/ vnd 10 Minuten/ die *Latitudo* aber 55 Grad/ vnd 54 Minuten.

III.

Vom Erbawer der Stadt Schleßwick.

Wer diese Stad anfenglich erbawet/ ist mir vnwissend. Aber König Erich in Dennemarck hat daselbst im Achthundert vnd acht vnd viertzigsten jahr die fürnembste Kirch dem waren lebendigen Gotte zugeignet/ vnd zu Ehren lassen einweihen. Hertzog Adolph von Holstein hat das Schloß Gottorff/ so noch bey Schleßwigk ligt/ mit Graben/ Basteyen vnd Wällen dermassen verwaret vnd befestiget/ das es nicht leichtlich ist zugewinnen.

Von

IV.

Von den Kriegsschaden/
so diese Stad erlitten/vnd außgestanden.

Diese alte Stadt Schleswigk/ hat viel Kriegsschaden erlidten vnnd außgestanden. Denn vors erste lieset man/ das Keyser Heinrich/ mit dem Zunamen *Auceps* vnd *Humilis*, die Dähnen auß Holstein vertrieben/ Schleswigk eingenommen/ vnd einen Marggraffen des Römischen Reichs dahin verordnet habe. Vnd als nach seinem Tode im acht vnd dreissigsten Jahr/ die Dähnen den Marggraffen zu Schleswigk vmbgebracht/ mit der gantzen Sächsischen besatzung/ vnd Schleswigk eingenommen/ hat Keyser Otto/ *Henrici Aucupis* Son/ ein grosses Kriegs Volck zusammen gebracht/ ist damit durch Holstein in Jutland gefallen/ vnd hatt alles wider bekommen/ hat auch zur mehre ausbreitung des Christenthumbs/ vnd des heiligen Göttlichen Worts/ ein Bißthumb zu Schleswigk/ im Neunhundert vnd Sechs vnd viertzigsten Jahr/ auffgerichtet.

Darnach zur zeit Keysers Lotharij/ hat Königs Nicolai in Dennemarck Sohn/ mit Namen Magnus/ Schleswigk belagert/ vnd doch nichts ausrichten können. Denn sowol war dieselbe Stad befestiget vnd verwaret/ das die gantze macht des Königreichs Dennemarck die lange zeit dafür lag/ vnd jhr nichts abgewan.

Ferner hat König Erich in Dennemarck/ beide die Stad Schleswigk/ vnd das Schloß Gottorp/
nicht

Beſchreibung der Stad Schleſwig. 27

nicht weit davon gelegen/laſſen belagern vnd auch
einnemen: Weil aber Graff Heinrich von Holſtein zu Hamburg Gelt vnd Leute auffgebracht/
darzu auch Abſagsbrieffe vom Raht zu Hamburg
dem Könige zugeſchickt vnd nu der König die Brie-
fe geſehen/iſt er mit ſeinen Räthen zu Rath gan-
gen/vnd hat geſchloſſen/das man die Belagerung
des Schloſſes Gottorff abſchaffen/vnd die Stadt
Schleſwigk jren Bürgermeiſtern widerumb vber-
antwortet ſolte/auff die Eyde vnd Pflichten/ſo ſie
gethan hetten.

V.

Vom Wapen oder Jnſigel dieſe Stadt
Schleſwigk.

Als Wapen der Stadt Schleſowick iſt ein
hohes Schloſs/ ſampt einen Stern/ vnnd
den halben Mond / darunter derer von
Rantzow Wapen ſtehet / in einem beſon-
dern Schilde. Daraus auch zum theil erſcheinet/
das das Schleſowigiſche Gebiet entweder vor zeiten denen von Rantzow gehöret/oder das durch
derer von Rantzow Vorbitte vnd angeben/
dieſe Stadt jre Privilegia bekommen habe.

D ij   Das

28 Beschreibung der Stadt Schleßwigk.
Wapen der Stadt Schleßwigk.

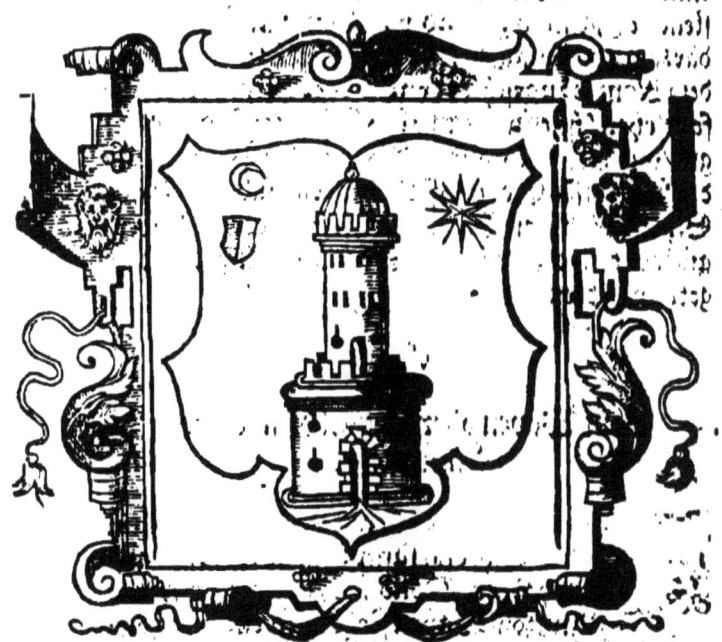

Das Fünffte Capitel.

Von der Stadt Husem.

I.

Vom Namen dieser Stadt Husem.

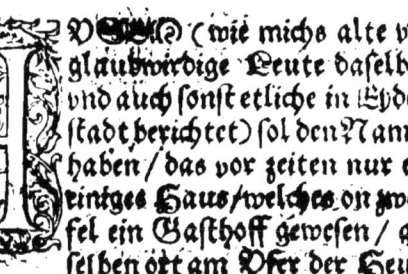Usum (wie michs alte vnd glaubwirdige Leute daselbst/ vnd auch sonst etliche in Eyderstadt berichtet) sol den Namen haben/ das vor zeiten nur ein eintziges Hauß/welches on zweifel ein Gasthoff gewesen/ am selben ott am Ofer der Heuer gestanden.

II.

Vom Situ oder Lager dieser Stadt.

Es ligt diese Stadt im Hertzogthumb Schleswigk/am Wasserfluß/die Heuer genandt/welcher Flůß die Strand vnd Eyderkusten von einander scheidet.

D iij   Vom

III.

Vom Erbawer dieser Stadt.

Er diese Stadt anfenglich zu bawen angefangen/kan ich nicht wissen. Diß aber ist jedermann bekandt/ das der Durchleuchtige vnnd Hochgeborne Fürst vnd Herr/ Herr Adolph/ Hertzog zu Schleßwigk vnd Holstein/etc. (Christmilder gedechtnus) Husem erstlich im tausent/ fünffhundert vnd zwey vnd achtzigsten jahr/ nach dem die Einwohner daselbst offt darumb gebeten vnd angehalten/mit Stadtrecht vnd herrlichen Privilegien begabet/ auch daselbst ein herrlich Schloß habe lassen auffbawen/ gegen Nordenwerts.

IV.

Vom Fewer vnd Kriegsnoth daselbst.

Enn vnd wie offt Husem Brandschaden gelidten / habe ich noch zur zeit / als ein Außlender/ auch nicht können erfahren. Vnd weil es eine newe Stad ist/ finde ich auch nirgend bey den Scribenten/ die mir zu handen kommen/ das sie solte Kriegsnot außgestanden haben.

Vom Wapen dieser Stadt. Cap. V.

Das Wapen der Stadt Husem/ sind zween Löwen/ welche von einander sich strecken/ wie folgend zu sehen. Welches Wapen Hertzog Adolph der Stadt gegeben.

Das Sechste Capitel.
Von der Stadt Haderßleben.

Vom Namen der Stad
Haderßleben.

Je Stad Haderßleben hat vielleicht ein Namen von conditore, oder vom Ersten Erbawer derselben/ der Hader oder Hotter geheissen (wie denn dieser Name Hotterus bey den Alten grossen gebrauch gewesen) welches so viel in sich heisse/ als des Hotteri Leube oder Wohnung/ vnd mit dem wort Otterslebe/ welchs ein Dorff ist im Magdeburgische Ertzbischoffthumb/ fast vberein kompt.

Jonas von Elverfeld ziehet den Namen dieser Stadt vom wort Hadern/ da er im Buch de statu Holsatiæ also schreibet:

Non procul à nostris urbs Hadersleia terris,
Prisco rixarum nomine dicta, jacet.

Wannen aber diese Stadt den Namen also bekommen/ zeiget er nicht an. Doch kan sein/ das am selben ort zween Fürsten oder Herrn mit einander vneins worden/ vnd sich gehadert haben.

Vom

Beschreibung der Stadt Hadersleben.

Vom Nahmen vnd Alter der Stadt
Haderſleben.

DIe Stadt Haderſleben in Sud Jutlandt / oder im Hertzogthum̃ Schleßwig/ an der Oſtsee/ neben Flensburg...

III.
Vom Erbawer dieser Stadt.

WEnn vnd von wem die Stadt Hadersleben erſtlich erbawet/ iſt nicht bewuſt/ aber ſchreibet man/ das ſie Hertzog Woldemar zu Schleßwig/ Zwelffhundert vnd zwey vnd neunzig/ ein jahr nach Chriſti geburt/ mit Stadtrecht gewidmet habe. Wie denn ſolches auch ſtatt deren Brieff anzeigen/ die alſo lauten:

A Duce Woldemaro primum Haderslebia nomen,
Jutia cui quondam parvis, urbis habet.

Das alte Schloß daſelbſt hat Hertzog Johannes der Elter/ Königes Friderici des Ersten von Dennemarck vnd deßwegen Sohn/ vnd Königs Chriſtiani des Andern Bruder/ laſſen in den grund brechen/ vnd hat nicht weit darvon laſſen ein anders bawen/ welches er nach ſeinem Namen Hansburg genennet.

Gedachter Hertzog hat auch ein ſchönes Gymnaſium vnd Pædogogium daſelbſt auffgericht/ vnd den Schuldienern gute Beſoldungen gemacht/ vnd jährlich

34 Beschreibung der Stadt Hadersleben/
jährlich verordnet. König Friederich der Ander/
hat das Schloß mit schönen Gemachen/ auch einer Capellen von Marmelstein erbawet.

IV.
Vom Fewer vnd Kriegsnoth daselbst.

VOn Fewer vnd Kriegsnot/ so diese Stad
etwa außgestanden vnd erlitten/ weis ich
nichts zu setzen/ sintemal ich nichts davon
weder in geschriebenen noch gedruckten
Büchern/ bisher gefunden.

V.
Vom Wapen dieser Stadt.

DIeser Stadt Wapen vnd Insigel ist eine
hocherhabene Brücke/ so vber ein Wasser
gehet/ wie folgende Figur ausweiset/ weil
es am Wasser ligt/ so in die Ostsee leufft.

Das

Das Siebende Capitel.
Von der Stadt Sunderburg.

I.
Vom Namen der Stad Sunderburg.

Ie Stadt Sünderburg / da der Durchleuchtige vnd Hochgeborne Fürst vnd Herr / Herr Johannes der Jünger / Hertzog zu Schleßwig vnd Holstein / sein Hofflager helt / hat ohn zweifel den Namen vom Sandt oder Strand der See / da an sie liget / vnd von einer alten Burg

II.
Vom Situ oder Lager dieser Stadt.

Es liget aber Sunderburg in der Insel Alsen / so drey Meilen lang ist / im Hertzogthumb Schleßwigt / oder in Süderjütland / in die drey Meilen von Flensburg / vnd sechs von Schleßwig / wenn man zu Lande gerade zureisen köndte.

E ij   Vom

III.
Vom Erbawer der Stad Sünderburg;

Item / Von Fewer vnd Kriegsnoth.

Er diese Stadt anfenglich gebawet / kan ich nicht wissen. So habe ich auch keine nachrichtung / ob diese Stadt durch Fewr vnd Krieg sey beschediget worden / oder nicht.

IV.
Vom Wapen dieser Stadt.

As Wapen der Stadt Sünderburg ist ein Schiff im Meer / darauff in der mitten ein Thurn stehet / wie folgend zu sehen.

Wapen

Wapen der Stadt Sunderburg.

Das Achte Capitel.

Von der Stadt Nicopen.

Von dieser Stadt weiß ich nichts anders zu schreiben/ denn das sie in SuderJudland ligt/ in Alsen/ an der Ostsee/ Vnd das sie zum Wapen habe einen hohen Thurn/ daraus drey Löwen halb heraus sehen/ wie diese Figur ausweiset.

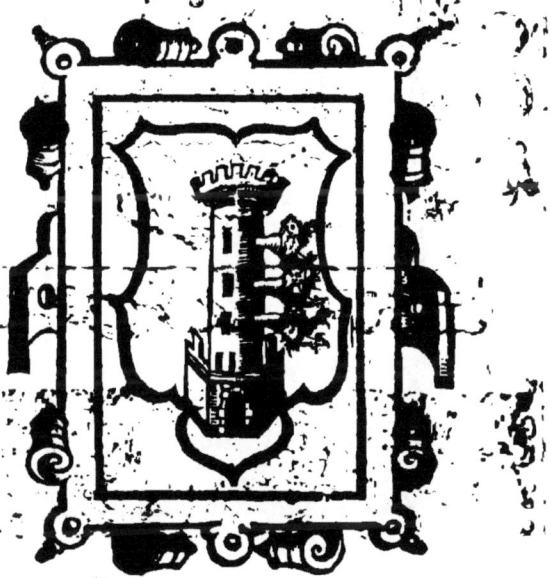

Das

Beschreibung der Stadt Tundern. 39

Das Neunde Capitel.

Von der Stadt Tunderen.

I.

Vom Namen vnd Lager der Stadt Tunderen.

WAnnen der Name Tunderen sey/ zeigt die Historici nicht an. Der Situs aber/oder das Lager dieser Stadt ist wol bekandt/ als das sie lige in SuderJutland/ oder im Hertzogthumb Schleswigk/ an der Vestsee/ oder am grossen Deutschen Meer/ sonst Mare Britannicum, vnd der Oceanus geheissen.

II.

Vom Erbawer der Stad Tunderen.

GLeich wie die andere Stedte in SuderJutland nicht viel vber drey hundert Jahr alt sind: Also hat die Stad Tundern auch nicht viel lenger gestanden/ nach dem sie Stadrecht bekommen. Denn wie D. David Chytraus lib. 3. Chron. Saxoniæ anzeiget/ hat sie Hertzog Abel in Judtland/ Woldemari des Andern Sohn/ im Tausent Zwey hundert vnd drey vnd viertzigsten Jahr nach Christi geburt/mit Stadrecht bewidmet.

Vom

Vom Wapen der Stadt Tundern.

Diese Stadt hat zum Insigel und Wapen ein grosses Schiff/ so im Wasser stehet/ welches sie ohn zweiffel daher bekommen/ daß sie vor einem [...] nicht allein Einländische/ sondern auch frembde außgeladen Schiffe anlenden wollen. Heutiges tages aber können die Schiff so nahe nicht anlenden/ wie vor alters/ darinn es [...]

Das Zehende Capitel.

Von der Stadt Rendesburg.

I.

Vom Namen der Stadt Rendeßburg.

Ie Stad Rendesburg hat den Namen vom Erbawer Renoldo/ Dannenhero sie auch sonst bey den Scribenten Reinholtsburg genennet wird/ Als wenn ich sagte: Des Reinholdi Burg oder schloß. Daß man sie aber gemeiniglich Rendsburg oder Rendesburg nennet/ geschiehet (wie die Gelehrten reden) per syncopen, also/ das die Syllaba HOL außgelassen wird.

II.

Vom Situ oder Lager der Stadt Rendeßburg.

ES ligt die Stadt Rendesburgk an der Grentz des Hertzogthumbs Schleswigk vnnd Holstein/ am Wasserfluß Eydor/ welcher das Land Ditmarschen vnd Holstein von Eydorstadt/ vnnd den andern Schleswigischen Landen abscheidet.

Vom

Beschreibung der Stadt Rendeßbur.

III.
Von erſten Erbawer dieſer Stadt.

Der erſte Erbawer hat geheiſſen Reinholdus / wie Jonas von Elverfeldt in dieſen Verſen bezeuget / die alſo lauten:

Nec tua præ reliquis laus eſt obſcura, Renoldus
Jn ſterili quamvis mœnia ſtruxit humo.

Wer aber derſelbe Reinholdus geweſen / habe ich noch zur zeit bey den Scribenten nicht können finden.

IV.
Von Kriegsnoth / ſo dieſe Stad außgeſtanden.

Was Kriegsſachen anlanget / ſo ſchreibt M. Hieronymus Henninges in ſeinen *Genealogiis*, das König Woldemar der Ander in Sennemarck / im Tauſent / zwey hundert vnd ſieben vnd zwantzigſten Jahr / nach Chriſti geburt / Rendesburg belagert habe / den aber Graff Adolph in Holſtein / dis Namens der Sechſte / davon hinweg getrieben.

In der Alten Sächſiſchen Chronicken ſtehet / das zwar Graff Adolph zu jhm ins Feld gezogen / vnd mit jm eine ſchlacht gehalten habe / vnd ob wol des Königs Volck viel erſchlagen worden / das dennoch der König das Feldt behalten / vnd die Reinoldsburg gewonnen habe.

Beschreibung der Stadt Rendesburg. 43

Im Tausent/Vierhundert vnd Vierden jahr hat Graff Heinrich von Holstein/ erwehlter Bischoff zu Osnabrug/ nach seines Bruders Gerhardi tödtlichem abgang/ als ein Vormund/ Rendeeburg eingenommen/ sampt Segeberg/ vnd etliche andere Stedte.

Was sich sonst für innerliche zwyspalt zu Rendesburg erhaben/ zur zeit Gräffen Gerhardi deß Dritten in Holstein/ mit dem Zunamen des Grossen/ beschreibet Krantzius Lib. 9. Saxoniæ cap. 11. ist auch von mir in der Holsteinischen Adel Chronica vermeldet worden/ dahin ich den günstigen Leser wil gewiesen haben.

IV.

Vom Wapen dieser Stadt Rendesburg.

Als Wapen oder Insigel der Stadt Rendesburg/ ein Schloß oder Burg/ mit dreyen Thürnen/ wie folgend zu sehen.

44 Beschreibung der Stad Rendeßburg.

Wapen der Stadt Rendeßburgk.

Das

45

Das Eilffte Capitel.

Von der Stadt Breitstede.

I.

DAs Stedtlein Breitstede ist in
Historien nicht viel bekandt. Es
ligt aber an der Westsee in Sa-
der Jutland/ oder im Hertzogthumb Schleswigk/ zwischen
Tundern vnd Husem. Von etlichen wirds Brestede genennet.

Vom Wapen dieser Stadt.

DAs Wapen aber dieses Städtleins ist eine
schmale Brücke vbers Wasser/ gleich
einem Crucifix/ wie
folget.

Wapen

46 Beschreibung der Stadt Breitstede.
Wapen der Stadt Breitstede.

Das
muß

47

Das Zwölffte Capitel.
Von der Stadt Itzeho.

I.
Vom Namen vnd Erbawer der Stadt Itzeho.

Wannen der Name Itzeho sey/ kan ich nicht wissen/ was aber den Erbawer dieser Stadt anlanget/ halten es etliche dafür/ das sie Hertzog Luderus / oder Lotharius / *Hermanni Bilungi* Sohn / Hertzog in Sachsen/ Graff in Holstein/ Stormarn/ Ditmarschen/ Wagrien vnd Staden/ zur zeit Keyser Otten des dritten/ gebawet habe. Die denn dieser meynung auch ist der Edle / Gestrenge vnnd Ehrnveste Herr Heinrich von Ranzawe/ Königlicher Dennemärckischer Stadthalter in den Hertzogthumen Schleßwick/ vnnd Holstein / welcher in seiner *Epitomi* Holsatiæ hiervon also schreibet.

Bellingo Duce Saxoniæ vocato à Ludero Suo, quando Cæsar tertius Otto fuit.

Graff

Raff Adolph in Holstein / diß Namens der Vierde / hat jhr im Tausent Zwey hundert vnd Drey vnd dreissigsten Jahr nach Christi vnsers Seligmachers Geburt / sehr auffgeholffen / in dem er sie mit Wälden / etc. reichlich begabet / vnd mit Stadtrecht bewidmet. Vmb welche zeit sie auch mit einem gewaltigen Graben ist befestiget worden.

Dessen Sohn Gerhardus / diß Namens der Erste (Etliche nennen jhn vnrecht Burchardum) hat das Jungfrawen Kloster daselbst gestifftet / in welchem er auch / sampt vielen andern Fürstlichen Personen hernach begraben worden.

II.
Vom Situ oder Lager der Stadt Itzeho.

ES ligt aber Itzeho in der alten Graffschafft Stormarn / darinn auch (wie droben gedacht) die weitberühmbte Seestadt Hamburg ligt / am Wasser Störa / darvon das gantze Land vmbher Stormaria genennet wird.

III.
Von Kriegsnoth / so die Stadt Itzeho ausgestanden.

HErtzog Woldemar zu Schleswigk / diß Namens der Ander / als er wider Graff Adolphen / dem Dritten in Holstein kriegete / vnd der Graff gegen Hamburg entweichen

Beschreibung der Stad Itzeho. 49

weichen muste/rückete der Hertzog fort/vnd eroberte Itzeho/neben andern mehr Stedten in Wagria vnd Stormaria.

ALs hernach/zur zeit Adolphi des Vierden/ Graffen in Holstein/diese Dehtmercker die Stad vberzogen/einen newen Wall dafür auffwurffen/ vnd eine Brücke ober die Störa zu jhnen hinein macheten/vnd sie mit gewalt davon stürmen wolten/da sagt man/das die Störa zweymal in einem tage sich so hoch erhaben habe/das sie an die Brücken heran gangen/dieselbe eingerissen/die Bürger also geschützet/vnd den Dennenurckern den weg verlauffen habe. Derselbe tag war der neheste Tag nach *Nativitatis Mariæ*, welcher noch bis auff den heutigen Tag bey jhnen genandt wird der Bürgertag.

G   Vom

Beschreibung der Stadt Itzeho.

IV.
Vom Wapen der Stadt Itzeho.

Dieser Stadt Wapen oder Insigel ist eine Burg von zweyen Thürnen/ in derer mitten ein Nesselblatt stehet/ wie allhie zu sehen.

Das

Beschreibung der Stad Kill.

Das dreyzehende Capitel/
Von der Stadt Kill.

I.
Vom Namen der Stadt Kill.

Die Stad Kill/ im Latein Chilonium oder Chilonia genant/ sol den Namen vom Keil (cuneo) haben/ wie auch der Königliche Stadthalter/ Herr Heinrich von Rantzow/ in Encomiis urbium Holsatiæ anzeiget/ da er also schreibet:

Chilonium, Holsatiæ non infima gloria terra,
A cuneo nomen, quo nocitatur, habet.

II.
Vom Situ oder Lager dieser Stadt.

Die Stadt Kill ligt im Lande Holstein/ an einem Arm der Ostsee/ welche von den Lateinischen Scribenten *Mare Balthicum* genennet wird/ eben an dem Ort/ da der Fluß Zwentin/ so bey Plöne entspringet/ Vnnd von dannen auff Closter Pretzen leuffet/ in die See fellet/ vnd sich darein verleuret.

III.
Vom Erbawer der Stad Kill.

Wer diese Stad anfenglich gebawet/ habe ich nirgend funden. Es aber ist wissentlich/ das sie Graff Adolph in Holstein/ dis Namens

G ij   der

der Vierde/ im Tausent/ zwey hundert vnd Drey
vnd dreissigsten Jahr/ nach Christi Geburt/ mit
Lübeckischen Recht bewidmet habe. Er hat auch
daselbst ein Franciscaner Closter gestifftet / darin er auch folgendes im Tausent/ zwey hundert
vnd ein vnd sechtzigsten Jahr nach Christi geburt
ist begraben worden.

IV.
Von Kriegsnoth/ so die Stadt Kill außgestanden.

OFft ist die Stad Kill zum öfftern bekrieget vnd eingenomen worden. Als da beide
Brüder/ Graff Johannes/ vnd Graff
Gerhardus in Holstein/ ihr Väterlich
Land mit einander getheilet/ vnd Johannes der
Elteste vnter jnen/ das Land Wagriam/ Gerhardus Holstein vnd Stormarn nach geschehener teilung bekommen/ hat Gerhardus solche theilung
für vngleich angesehen/ vnd hat angefangen seinen
Bruder zu neiden/ als der mehr Landes zu seinem
theil bekommen hette/ denn er. Ob er wol aber
Johannem offt brüderlichen erinnert/ hat er doch
damit nichts ausgerichtet. Endlich ist solche vneinigkeit zu einem öffentlichen Kriege gerahten/ also das Gerhardus/ mit hülff Alberti/ des Hertzogen in Sachsen/ vnd derer von Lübeck/ einen Zug
wider seinen Bruder vorgenommen/ vnd die Stad
Kill belagert/ darüber sich der Zanck erhaben am
allermeisten/ dieweil sie Johannes innen gehabt/
so sichs doch liesse ansehen/ als gehörte sie viel mehr
zum Lande Holstein. Doch hat er vor Kill weniger denn nichts ausgerichtet/ sondern hat ohn gewinn müssen abziehen.

DA hernach vorgedachter Graff Johannes
denen zu Lübeck viel zu verdries that/ vnd auswendig

Beschreibung der Stad Kill.

wendig raubete/brante vnd mordete/brachten die Lübecker an sich Hertzog Albrechten von Braunschweig/derselbige zog in Holstein hinein/vnd belagerte die Stad Kill/darinn sich der Graff hielt/ auff ein Monat lang. Weil er aber den Belagerten den zugang/den sie vom Meer sehr gros hattẽ/ nicht kunte verlauffen/zog er widerumb mit den seinen abe.

Im 1322. Jahr sind die Ditmarschen auffgestanden/ausgefallen/haben durch Brand vnnd Krieg verwüstet die Karspel/Schönefeld/Nordorff vñ Newmünster/vnd sind komen bis gen Kill.

Im 1340. jahr sind die Edlen von Hummelbüttel mit dem Rath zum Kill in grosse Vneinigkeit gerathen/welche Vneinigkeit aber noch im selben Jahr ist beygelegt worden/in gegenwart Goschij von der Wisch/Hennings von Stüten/Herrn Dethleffs von Bockwolden/Herrn Dethleffs von Meinstorff/Heinriche von Breide/vnd dergleichen mehr.

Nicht lange hernach/zur zeit Graffen Adolphs VII. der Graffen Johannis des Milden sohn war/ergriffen die vom Kill (Jch weis nicht/durch wes anregen) ihr zweene aus dem Hoffgesind Henning Lemkens/als die da gemeinen fried gebrochen/vnd auff den strassen geraubet hetten/vnd liessen sie mit dem schwerdt richten. Ihr Herr aber nam sich ihrer an/als die solcher that/so ihnen were zugemessen worden/vnschüldig weren/ward auff die vom Kill vbel zu frieden/gab achtung auff die zeit/wenn sie zu Marckt gen Eckelnford zögen/vnd schlug jrer viel todt/etliche nam er auch gefangen/wie es aber hinaus gangen/ist in der Holsteinischen Adel-Chronica angezeiget worden.

V.
Vom Wapen der Stadt Kill.

DIE Stadt Kill hat zum Wapen oder Insigel ein Bott (wie es die Schiffleute nennen) auffm Wasser schwimmende/ vber welchem ein Nesselblat stehet/ wie folgende Figur ausweiset.

Beschreibung der Stadt Oldeslo.

Das Vierzehende Capitel/
Von dem Städtlein Oldeslo.

I.
Vom Namen oder Lager dieses Städleins.

Etliche meinen/ das Oldeslo daher den Namen habe/ das es sehr alt sey. Es ligt aber dis Stedlein im lande Wagria/ zwischen zweyen fliessenden Wassern/ die Trawe vnd Beste.

II.
Von Fewr vnd Kriegsnoth/ so dis Städtlein Oldeslo außgestanden.

Wer Oldeslo gebawet/ ist nirgend beschrieben. Das es aber etliche mal eingenommen vnd erobert/ schreibet Krantzius in seiner Saxonia/ wie daselbst zu finden. Doch wil ich hievon auch mit wenig worten meldung thun.

Als Graff Guntzel von Schwerin/ vnd die Wendische Herren/ wider Graff Johansen in Holstein/ Adolphi des Vierden Sohn/ zogen/ kamen sie gen Oldeslo (dis war damals die grentze des Landes Holstein/ vnd der Wandalen) dahin der Graff sein Land zu schützen ein Krigsvolck gesetzet hatte. Es kamen aber die Feinde viel stercker/ denn das sie eine geringe besatzung daselbst vermochte abzutreiben. Darumb namen sie das Städlein ein/ fiengen der Holsteiner etliche/ vnd etliche/ so sich nicht ergebe wolten, schlugen sie todt/ die andern trieben sie in die flucht.

Als auch auff eine zeit Hertzog Gerhardus zu Schleswick/ dis namens der Erste/ Nicolaus vnd Adolphus/ die Graffen aus Holstein/ sampt beider Stedte Lübeck vnd Hamburg Gesandten/ zu handlungen befördert wurden gen Oldeslo/ darinne sie vom friede vnd sicherheit derer/ so durch die Lande reiseten/ handlungen fürnamen/ schlugen sich vnter des viel Strassenreuber hauffenweise zusamen/ macheten sich nahe an Oldeslo/ vnd trieben der Bürger Viehe hinweg. Wie

56 Beschreibung der Stadt Oldeslow.

Wie solches für die / so zu handlungen vnd recht-
schlagen zusammen kommen waren/ kam/ sahen
sie sich vmb/ was sie für Rüstung hetten/ die denn
zum Kriege gar nicht bequem war/ Sintemal sie
zu friedsamen Handlungen waren ausgezogen.
Doch als sie höreten/ das derer von Lübeck Heupt
man einen gerüsten hauffen zu Felde ligen hette/
namen sie denselbigen zu sich/ vnd eileten den fein-
den nach/ wie starck sie vermochten. Da sie nun
nahe bey jhnen kamen/ satzten sie mit gewalt auff
sie zu/ namen jhnen erstlich das Viehe wider/ vnd
satzten darnach zu den hintersten ein/ vnd hawen
etliche zu boden/ die andern aber verlieffen sich inn
die Püsche/ dadurch jhnen die Reuter nicht kund-
ten nachfolgen.

Zur zeit König Erichs in Dennemarck/ der
sonst ein geborner Hertzog in Pomern war/ bran-
te Hertzog Erich in Sachsen/ der es mit
Holstein nicht gut meinete/ das
Stedtlein Oldeslow
gar aus.

Vom

Beschreibung der Stad Oldeslo.

III.
Vom Wapen des
Stedtleins Oldeslo.

As Oldeslohische Wapen oder Insigel ist ein grosses Nesselblat/in derer mitten/in einem besondern Schilde/ S. Petrus mit einem Schlüssel stehet/ wie folgend zu sehen.

Das funffzehende Capitel/

Von dem Städtlein Krempe.

I.

Vom Namen dieses Städleins.

Das Stedlein Krempe/ darvon das gantze Refier vmbher die Krempermarsch genennet wird/ hat den Namen vom Wasserfluß Krempe/ der dardurch vñ daran hinweg leufft/ vnd das Land befeuchtet/ folgendes aber in die Störe streichet/ vnd mit derselbigen in die Elbe/ vnd letzlich in die offenbare See. Hievon hat man diese Versß:

Vrbs ego cimbrigena non infima gloria terræ,
Velifero Crempa flumine, Crempa vocor.

II.

Vom Situ oder Lager dieses Städtleins.

Es ligt das Stedlein im Lande Stormaria/ vom Fluß Störa also geheissen.

III.

Vom Erbawer desselbigen.

Wer die Stedtlein anfenglich angeleget/ vnd erbawet/ kan ich nicht wissen.

Diß

Beschreibung der Stad Oldeslo. 59

Die aber liset man/ das Graff Gerhard in Holstein vnd Stormarn/ dis Namens der Erste/ Grafen Adolphs des Vierden Sohn/ diesem Stedlein Sadtrecht vnd das Wapen verehret habe. Auch hat Herr Johann von Rantzow/ des obgemelten Stadhalters in den Holsteinischen Landen/ etc. Vater/ dis Stedtlein im Lübeckischen Kriege mit Wallen/ Graben vnd Brustwehren dermassen befestiget/ das es noch einen guten Puff aushalten kan.

IV.

Vom Wapen dieses Städleins.

Das Krempische Wapen ist also gestalt/ wie folget.

H ij   Das

Beschreibung der Stadt Wilster.

Das Sechzehende Capitel/
Von dem Städtlein Wilster.

I.

Vom Namen dieses Städtleins.

DAs Stedlein Wilster / darvon das gantze Refier vmbher die Wilstermarsch genennet wird/ hat den Namen vom Wasser Wilstria/ oder Wilster/ so erstlich in die Störe/ vnd folgends mit derselbigen in die Elbe streichet. Das dem also sey/ zeigen auch diese Lateinische Verse an/die also lauten:

Profluit è stagno Cuieno VVilstria flumen,
Navigii gratum commoditate sui.
Quod Storæ miscetur aquis, miscetur & Albi,
Oppidulumq́; suis cingit, & intrat aquis.
Hinc est oppidulo nomen, &c.

Item/ diese Jonæ von Elverfelds:
Ante alias culto quoq́; VVilstria floret agello,
Cui fluvius nomen nobile VVilstra dedit.

II.

Vom Situ oder Lager dieses Städtleins.

Jo Stedlein Wilster ligt auch im Lande Stormaria/ am Wasser Wilster/ so aus dem Cudensee entspringet/ vnd (wie vor gedacht) in die Störa leufft.

III.

Vom Erbawer desselbigen.

GRaff Gerhard zu Holstein vnd Stormarn/ dis Namens der Erste (etliche schreibens seinem

Beschreibung der Stad Wilster. 61

nem Vater zu) hat dis Stedlein mit Stadtrecht
bewidmet/wie aus folgenden Versen zusehen:

Oppida Cimbrorum qua libertate fruuntur,
   Quicquid habent Juris, commoda quaq, tenent:
Hæc quoq, concessit tibi VVilstria blanda Gerhardus,
   Optimus Holsatiæ Stormariæq, Comes.

IV.

Vom Wapen dieses Städleins.

Jeweil Wilster am sümpffigen ort liget/
hats zum Wapen bekommen eine Karpf-
fe im Wasser stehend/ vnd trüber das
Nesselblat/ welches sonst des Hertzogthumbs Holstein Wapen ist.

Beschreibung der Stadt Segeberg.

Das Siebenzehende Capitel/

Von Segeberge.

Vom Namen des Städleins Segeberg.

Segeberge hat daher den Namen. Als Keyser Lotharius auff eine zeit war zu Bardewick/ welchs damals noch eine gewaltige vnd herrliche Stadt war/ fand sich zu jhm Vicelinus/ der nachmals Apt zu Segeberge ward/ vnd zeigete jm an/ das in Wagria ein treflicher Berg were/ darauff ein Schloß zu setzen/ vnd davon das gantze Land/ beydes Christliche Lehr anzunemen/ vnd tribut zu geben/ könde zwingen sein. Diese wort des Pristers bewegten den Keyser/ das er sich auffmachte/ vnd die gelegenheit des orts selbst besichtiget/ auch dazu beschederte die Befehlhaber vnd Verwalter durchs Land. Da er nun befand/ das alles gelegen were zu einer Vestung/ thatt er der Landschafft zu nehest vmbher befehl/ das sie an demselben ort eine Vestung bawen solten/ vnd nennete den berg/ darauff er ein *trophæum* oder Siegszeichen stecken ließ/ den Siegberg (*montem victoriæ*) auff der Sachsen sprache den Segeberg/ der sonst zuvor hieß der Aelberg.

Vom

Beschreibung der Stad Segeberge.

II.
Vom Situ oder Lager dieses Städleins.

DAs Stedlein Segeberg ligt in Wagria/ am Wasser/die Trawe genant/vier Meilen von der weitberümmten vnd Keyserlichen freyen Reichsstadt Lübeck.

III.
Vom Erbawer desselbigen.

WEr das Stedlein anfenglich erbawet/finde ich nirgends. Das Schloß aber daselbest auff dem Aelberg hat zu bawen befohlen Keyser Lotharius im 1134. Jahr. Als nu das Schloß gefertiget/satzte der Keyser einen drauff von seinen Hoffleuten/mit Namen Herman/vnd befahl jm/das er vnten an dem berge eine Kirch bawen solte/vnd darüber Vicelinum zum Auffseher verordnen. Als hat gedachter Herman das Kloster/auff befehl des Keysers auffgerichtet/welches auch der Keyser zu Bardewick/ im 1137. jahr/16. Cal. Aprilis/das ist/den 17. Tag des Mertzmonats/seines Keysertumbs im zwelfften/vnd seiner Krönung im fünfften jahr/bekrefftiget.

IIII.
Von Fewr vnd Kriegsnoth/so Segeberg hat müssen aussstehen.

DA Keyser Lotharius im Tausent/Einhundert vnd acht vnd dreissigsten Jahr nach Christi geburt mit tode abgangen/ vnd sein Stadhalter Hermannus auch tod gewesen/hat Heinrich von Badewide/so mit der Graffschafft Stormarn begnadet worden/ das Schloß Segeberge eingenommen.

Nicht

Nicht lange darnach brachte Pribislaus/ der die alte Stad Lübeck innen hatte/ ein gros Volck aus seinem Lande auff vnd zusamen/ vnd vberzog Segeberg/ im Tausent/ einhundert vnd viertzigsten jahr. Das Schloß war damals so wol befestiget vnd besetzt/ also/ das er dasselbige nicht kunte einbekommen. Das Kloster aber/ sampt dem Stedtlein/ stackte er in den brand. Vnd als der Mönchen einer sich vnterstund/ den Kirchenschmuck vnd Heiligthumb zu vertheidigen/ lies er tod schlagen/ die andern kamen mit noth gen Newmünster.

Nach Pribislai todt hat Graff Adolph der Ander in Holstein/ im Tausent/ ein hundert vnd acht vnd achtzigsten jahr/ Segeberg eingenommen. Vnd ob wol Hertzog Heinrich in Sachsen/ mit dem Zunamen Leo/ oder der Löwe/ Segeberg folgends belegert/ hats doch Egge von Stüren/ sampt seinen Vorwandten vnd Bundsgenossen dahin gebracht/ das er von der Belegerung hat müssen ablassen.

Auch hat Hertzog Woldemar der Ander zu Schleswick/ Segeberg lassen zwey mal bekriegt. Als er zum andern mal dafür gelegen/ haben sich die Belagerten offte durch vngewönliche wege heraus gemacht/ vnd Profiand hinein geholet. Solchem aber ist der Hertzog zuuor kommen/ hat sie auff allen seiten hart belegert/ vnd hat sie gedacht mit hunger zu zwingen. Die Belagerten hielten sich auch in der eussersten not auff/ vnd schütteten offt Kalck heraus/ das es die Feinde für Mehl halten/ vnd gedencken solten/ sie hetten noch an victualien keinen mangel. Letzlich/ da sie sich keiner hülff zu trösten hatten/ vnd der Hunger mit jhnen vberhand nam/ fiengen sie erst an sich zu bedencken/

Beschreibung der Stad Segeberg.

dencken/ob sie jr Leib vnd Gut auszdingen/vnd dem Hertzogen das Schloß auffgeben wolten/kündten solches auch kaum vber jr Hertz bringen/vnd jnen beständiglich fürnemen. Ehe deñ aber dis ins werck gesetzet ward/kam Hertzog Woldemar die Bothschafft/das sein Bruder/der König von Dennemarck/tod were. Darumb eilete er bald ins Königreich/ließ jhm die Kron vnd succession vberantworten/vnd kam folgendes jahres wider herauß/vnd nam gantz Holstein ein.

Im 1315. jahr hat Hartwig von Reventlow darauff gedacht/wie er Graff Adolphen das schloß Segeberg möchte einnemen/vnd es zustelle Graff Gerharden/Graffen Heinrichs Sohn/nach dem er jhn als tüchtig zum Regiment erkennete. Hat sich derhalben auffgemacht/in jeger kleidung zum Schloß hinein kommen/bis er in die Schlaffkammer/hat also den Graffen erschlagen/das Schloß eingenommen/vnd es hernacher Gerhardo vberlieffert.

Da auch beyde Brüder vnd Graffen / Nicolaus vnd Henricus/einen grossen zanck hatten mit den benachbarten Stedten/ Lübeck vnnd Hamburgk/vnnd die Stedte darauff/auff nachgeben Graffen Johansen in Wagrien/zweyhundert gerüste Pferde gen Segeberg legeten/auff das sie drinnen mercken möchten/die schliche der jenigen/so jhnen schaden zufügeten: ward Graff Heinrich/ein geschwinder Herr/sehr vngedültig/fiel bey nacht ins Stedlein Segeberg/ entführete die zwey hundert Pferde mit sich hinweg/nam die Reuter vnd Bürger/die er da fand/vnd auff den handel bestellet waren/gefangen/führete sie in seine verwahrungen/vnd schatzte sie/bis sie sich vollkömlich mit Gelde löseten.

J   Im

66 Beschreibung der Stadt Segeberg.

Im 1404. Jahr hat Graff Heinrich in Holstein/erwehlter Bischoff zu Osnabrug/Segeberg vnd andere Holsteinische Stete/als ein Vormund seines Bruders Gerhardi V. Kindern ein gewonnen.

Im 1534. Jahr hat Graff Christoff von Altenburg/sampt denen von Lübeck/Segeberg geplündert vnd ausgebrand/ohn einige absagung nach Kriegs gebrauch/Haben auch das Schloß belegern wollen/wie es aber besetze gewesen/haben sie es müssen bleiben lassen.

V.

Vom Wapen des Stedtleins Segeberg.

Das Wapen des Stedtleins Segeberg ist ein Schloß oder Thurn/auff einem hohen Berg stehend/daraus zween Kriegs fähnlein stecken/wie diese Figur außweiset.

Jonas von Elverfeld hat solches in folgenden Versen begriffen/die also lauten:

Ardua belligeri jactat vexilla Gradini
Arx, à præcipiti nomen adepta jugo.

Das

Das Achtzehende Capitel/

Vom Städtlein Newmünster.

I.
Vom Namen dieses Städleins.

Das Stedlein Newmünster hat anfenglich Wippenrode / vnd darnach Falder geheissen. Endlich da das *Monasterium* oder Mönchkloster dahin gebawet worden / hats darvon den Namen bekommen / das ist / *Neomonasterium* im Latein / auff Deutsch aber Newmünster genennet worden.

II.
Vom Situ oder Lager dieses Städtleins.

Es ligt das Stedlein Newmünster im lande Holstein / an dem Wasserflus der Schwala vnd Stör genant / so aus dem Borsholmischen Lande entspringet / vnd darauff in die Stora / vnd folgends in die Elbe streichet. Die *Longitudo* ist 27. Grad. vnd 40. Minuten / Die *Latitudo* aber 55. Grad. vnd 16. Minuten.

III.
Vom Erbawer desselbigen.

Alters halben kan man nicht wissen / wer diß Stedlein anfenglich gebawet habe. Das Closter aber (wie Krantzius berichtet) ist zur zeit Graffen Adolphs des Ersten / vnd Ertzbischoffs S. dalberi zu Bremen vnd Hamburg / auffgebawet worden / vnd ist Victlinus der Erste Vorsteher desselbigen gewesen.

68 Beschreibung der Stad Newmünster.

IIII

Vom Fewer vnd Kriegsnoth/

Im Tausent/ einhundert vnd Viertzigsten jar nach Christi geburt ist Newmünster von den Wenden verbrand vnd zerstöret worden.

Im tausent drey hundert vnd zwey vnd zwantzigsten jahr/ haben die Dithmarschen durch brand vnd Krieg / neben Schönfeld vnd Nordorff / auch Newmünster verwüstet.

V.

Vom Wapen dieses Städleins.

Das Newmünsterische Wapen ist ein weisser Schwan / mit ausgestreckten Flügeln / im roten felde / der eine güldene Kron vmb den Halß hat/ vnd vber sich ein Nesselblatt.

Das Neunzehende Capitel/

Von Newstadt.

I.

Vom Namen dieses Städtleins.

Ewstadt/auff Sechsisch Nienstadt/hat ohn zweifel daher den Namen (wie denn auch andere Stedte dieses Namens in der Chur Brandenburg/in Schlesien/in der Pfaltz/ in Düringen/etc.) das es nicht so gar alt sey/als die andere Stedte in den Holsteinischen Landen.

II.

Vom Situ oder Lager dieses Städtleins.

Es ligt aber Newstadt im Lande Wagria/ am Ufer der Ostsee/ welche man sonst *Mare Balthicum*/ oder den Belth zu nennen pfleget.

Vom

70 Beschreibung der Stadt Newestad.

III.
Vom Wapen dieses Städlems.

Ewstad hat zum Wapen ein Bott auffm Wasser / darinn zween Schiffleute mit Rudern sitzen / vnd mit einer Hand oben ei	 Nesselblatt / welches das Hertzogthumbs Holstein Wapen ist / halten / wie nachfolgend zu sehen.

Daß

Beschreibung der Stad Eckelnförde, 71

Das Zwanzigste Capitel/
Von Eckelnförde.

I.
Vom Namen dieser Stadt.

Eckelnförde sol den Namen vom Eichhörnlein/ im Latein *Sciurus* geheissen/ haben/ wie solches auch in Encomiis Vrbium Holsatiæ in diesen Versen gemeldet vnd angezeiget wird/die also lauten:

Creditur à parvo nomen traxisse sciuro,
Salsi dives aquis Ekeleforda maris.

II.
Vom Situ oder Lager dieser Stad.

ES liget diese Stadt im Hertzogthumb Schleswick/ an der Ostsee/ fast gerade mitten innen/ zwischen Schleswick vnd Kill. Ist rund vmbher mit saltzem Wasser beflossen/ hat ein sehr gute Haff.

III.
Vom Erbawer desselbigen.

WEr Eckelnford anfenglich gebawet/ist nirgend vorzeichnet. Dannenhero auch in *Encomiis Vrbium Holsatiæ* also darvon geschrieben stehet:

Nec non oppidulis est annumeranda vetustis
Ekeleforda, sui nescia principii.
Ignoratur enim, quis sit fundator & auctor,
Oppidulum certè pervetus esse, liquet.

Von

Beschreibung der Stadt Eckelnforde.

IIII.
Von Fewr vnd Kriegsnoth.

Es hat Eckelnford sehr offt grossen Brandschaden erlidten/das auch jener also davon schreibet:

Nam toties passa est flamma crepitante ruinam,
Ac amisit opes Ekelesorda suas.

König Erich in Dennemarck/Schweden vnnd Nordwegen/geborner Hertzog in Pomern/etc. als er auff eine zeit von der Belagerung des Schlosses Gottorp abgelassen/auch die Stadt Schleswick wider auffgegeben/ist er für das Stedlein Eckelnforde/welches vnbefestiget war/geruckt/vnnd hat dasselbige eingenommen.

V.
Vom Wapen dieses Stedleins.

Es hat Eckelnforde zum Wapen vnnd Insigel drey Thürne/ auff der einen nach der rechten hand ein Eichhörnlein stehet/ wie folgende Figur ausweiset.

Beschreibung der Stad Heiligenhave. 53

Das Ein und Zwanzigste Capitel/

Von Heiligen Have.

I.

Vom Namen dieser Stad.

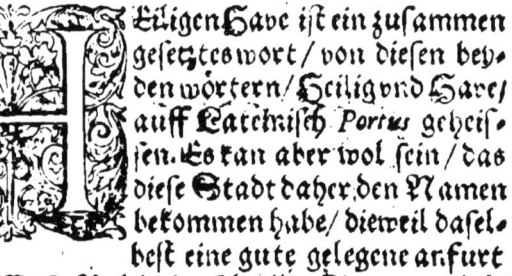Eiligen Have ist ein zusammen gesetztes wort/ von diesen beyden wörtern/ Heilig vnd Have/ auff Lateinisch *Portus* geheissen. Es kan aber wol sein/ das diese Stadt daher den Namen bekommen habe/ dieweil daselbest eine gute gelegene anfurt der Schiffe ist. Vnd daher schreibet Jonas von Elverseid hievon also:

Dixit terra sacrum quondam me Cimbria portum,
Commoditas ratio, nominis estq́; loci.

II.

Vom Situ oder Lager dieser Stad.

S ligt HeiligenHave im Lande Wagria/ an der gesaltzen Ostsee/ oder am Belth/ fast gegen der Insel Femern/ im Latein *Fimbria* genant/ fast bey zwo Deutscher Meilen von Oldenburg.

K   Vom

III.
Vom Wapen der
Stadt HeiligenHave.

VOn wem / vnd wenn diese Stadt anfäng-
lich gebawet. Item / wenn vnd wie offt sie
Fewr vnd Kriegsnot ausgestanden / habe ich noch zur zeit nicht funden. Das
Wapen aber ist also gestalt / wie folget.

Beschreibung der Stad Burg. 75

Das Zwey vnd zwanzigste
Capitel. Vom Städlein Burg.

I.
Vom Namen dieses Städtleins.

Vrg (wie ichs dafür halte) wird daher den
Namen haben / das vor zeiten allda nur
eine Burg gestanden / darauff sich etwan
ein Herr enthalten.

II.
Vom Situ oder Lager.

Es ligt das Stedlein in der berühmten Insel
Femern / im latein *Fimbria* / vnd *Cimbria parva* genant / so da ligt in der Ostsee / vnd bey zwo Meilen
lang / vnd eine breit ist.

III.
Vom Wapen des Städtleins Burg.
Dieses Stedleins Wapen ist also gestalt:

Beschreibung der Stad Wedel.

Das Drey vnd zwanzigste
Capitel / Vom Städlein Wedel.

Vom Lager vnd Wapen dieses Städtleins.

As Stedlein Wedel/ davon ich allhie schreibe (denn sonst ligt auch eins in der Newenmarck/ zur Chur Brandenburg gehörig) ligt im Lande Stormarn an der Elbe/ bey drey Meilen von Hamburg/ gegs Nortwest.

Es hat zum Wapen einen Ryland/ der in voller Rüstung stehet/ vnd in der rechten hand ein blosses Schwerd/ in der lincken hand aber in einem besondern Schilde/ ein Nesselblat helt.

Das

Beschreibung der Statt Oldenburg.

Das Vier und Zwanzigste Capitel/

Von Oldenburg.

I.
Vom Namen dieses Städtleins.

Js Stedlein hat daher diesen Namen/das es gar alt ist/vnd ist so viel/als wenn ich sagte/ eine Alte Burg.

Die Wenden habens vor zeiten Stargard genant/ Die Dennemercker aber nach der Sprach Brannesten.

II.
Vom Situ oder Lager.

Es ligt Oldenburg in Wagria/in das Westen des Meers/so der Belth heisset.

III.
Vom Erbawer.

Wer Oldenburg anfenglich gebawet/kan ich nicht wissen. Dis aber ist aus den Historien bekandt/das Keyser Otto/dis Namens der Erste/ daselbst ein Bischoffthumb auffgerichtet habe/ welches nachmals gen Lübeck transferiret worden/vnd das sie Graff Adolph der Vierde im tausent zwey hundert vnd drey vnd dreissigsten Jahr nach Christi Geburt/mit Stadtrecht bewidmet habe.

K iij   Vnd

Beſchreibung der Stadt Oldenburg.

Vnd von Graffen Nicolao vnd Gerhardo ſchreibet man/ das ſie im tauſent drey hundert vnd zwey vnd neuntzigſten Jahr die Stadt Oldenburg mit Lübeckiſchem Recht begabet/ jhr auch ein Privilegium mitgetheilet/ das ſie Sontages nach Michaelis einen freyen öffentlichen Jahrmarckt halten möchten.

IV.

Von Kriegsnoth/ ſo Oldenburg hat müſſen außſtehen.

JM Ein tauſent vnd Fünff vnd Sechzigſten Jahr/ nach Chriſti Geburt/ iſt Oldenburgk von den Wenden gar zerſtöret worden.

Im Tauſent/ zwey hundert vnd Neun vnnd Fünfftzigſten Jahr hat Hertzog Albrecht von Braunſchweig/ mit dem Zunamen/ der Groſſe vnd Elter/ Oldenburg/ ſampt der Veſtung eingenommen/ vnd groſſe Beute darvon getrieben.

Vom

Beschreibung der Stad Oldenburg.

Vom Wapen dieses Städleins.

As Oldenburgische Wapen vnd Insigel ist eine hohe Burg / darüber ein Nesselblatt stehet.

Das Fünff vnd Zwan-
zigste Capitel.
Von dem Städlein Plöne.

I.

Vom Namen vnd Lager.

WOher das Stedlein Plöne/wie auch das Schloß daselbst/den Namen habe/zeiget niemandt an. Es ligt aber beydes im Lande Wagria / an einem grossen See/darauß der Fluß Swentina entspringet. Die *Longitudo* (wie Petrus Appianus schreibet) ist 27. grad/vnd 55. minuten/die *Latitudo* aber 55. grad vnd ½. Minuten.

II.

Vom Erbawer.

Graff Adolph der Vierde in Holstein hat die Stedtlein im Tausent/zwey hundert vnd drey vnd dreissigsten jahr nach Christi geburt mit Stadtrecht begabet/wie Henninges in seinen *Genealogiis* anzeiget. Andere setzen solches ins Tausent Zwey hundert vnd Sechs vnd dreissigste jahr.

III.

Vom Fewer vnd Kriegsnot.

Vnter Graff Heinrichen von Holstein / sonst zuuor Heinrich von Badewid genant/machten sich
die

Beschreibung der Stadt Plöne.

die Holsteiner/ohn alles anleiten jhres Graffen/ sondern aus eigenem fürnehmen/an Plöne/namens mit gewaltiger hand ein/vnd befestigten es/ vnd von der zeit ists allwege vnter der Holsteiner Gebiet geblieben.

Hernach hat Hertzog Heinrich der Löw Plöne bekrieget vnd eingenommen/vnd hat vffs schloß daselbst gesetzet Marcradum/den Heuptman in Holstein.

Vnnd ob es wol Graff Adolph von Holstein/ nach dem Hertzog Heinrich vom Keyser in die Acht gethan/vnd in Engelland entwichen/einbekommen: So hats doch der Hertzog nach seiner widerkunfft/durch hülff vnd vorschub der Fürnemesten in Holstein/widerumb vnter seiner macht vnd *Jurisdiction* (wie auch sonst das gantze Landt) gebracht.

Folgends hat auch Hertzog Woldemar der Ander zu Schleswick Plöne eingenommen.

Es ist auch das Stedtlein Plöne viermal in grossen schaden durch Fewersbrunst gerahten/wie folgende Verß *Jonæ* von Elverfelds anzeigen/die also lauten:

Illa quater sensit rutilis incendia flammis,
  Bellaq́, non aquo Marte nefanda tulit.

Vnd in *Encomiis Vrbium Holsatiæ* stehet also:

Vulcano grassante, tuas jam sapius ades
  Æquavit plano flamma maligna solo.

L   Vom

Beschreibung der Stad Plöne.

IIII.

Vom Wapen deß
Städleins Plöne.

Das Plönische Wapen vnd Insigel ist also
gestalt/ wie folgend zu sehen.

Das

Beschreibung der Stadt Lutkenburg. 185

Das Sechs und Zwantzigste Capitel/
Von Lutkenburg.

I.
Vom Namen dieses Städtleins.

Lütkenburg hat den Namen davon/ das es nicht gar gros sey. Denn lütke auff alt Sechsisch ist vnd heisset so viel/ als klein.

II.
Vom Situ oder Lager dieses Städleins.

Es ligt Lütkenburg im Lande Wagria/ ohngefehr bey zwo Meilen vom Belth/ oder bey der Ostsee.

III.
Vom Fewer vnd Kriegsnot.

Im Tausent/ einhundert vnd viertzigsten Jahr nach Christi Geburt/ ist Lütkenburg von den Wenden verbrandt vnd verwüstet worden.

Beschreibung der Stadt Lütkenburg.

IV.

Vom Wapen dieses Städtleins.

DAS Lütkenburgische Wapen ist eine Burg/ darauff zweene Schlüssel stehen/ vnd in der mitten derselben ein Nessel-blat/ das Holsteinische Wapen.

Das

Beschreibung der Stadt Oitin.

Das Sieben vnd Zwantzigste Capittel/ vom Städtlein Oitin.

I.
Vom Namen vnd Lager dieses Städtleins.

Wannen der Name Oitin sey/ ist mir vnbewust. Die Chorographia aber zeiget an/ das dis Stedtlein/ sampt dem Schlosse dieses Namens/ lige in Wagria/ in die vier Meilen von Lübeck/ gegen Mitternachtwerts.

II.
Vom Erbawer desselbigen.

Das Schloß vnd das Stedtlein Oitin hat anfenglich im Tausent einhundert vnd Sechtzigsten Jahr gebawet Graff Adolph in Holstein/ dis namens der Ander/ Adolphi des Ersten Sohn/ vnd Adolphi des Dritten Vater. Vnd zwar/ das dem also sey/ bezeuget vnter andern auch der offt vnd vielgemelte Königliche Stadthalter/ da er in Encomiis Vrbium Holsatiæ also schreibet:

   Arx Oitinensis clara est, primaria sedes
    Qua Lubecensis præsulis esse solet.
   Inclytus Holsatiæ Comes hanc construxit Adolphus,
    Qui quondam istius nominis alter erat.
   Idem etiam parvam juxta arcem condidit urbem,
    Atq́; huic jus proprium municipale dedit.

In der alten Sechsischen Chronicken stehet/ das Bischoff Gerold zu Oldenburg/ in der Ordnung der Zwölffte/ vnd der Erste zu Lübeck/ die Stadt Oitin gebawet habe.

86　Beschreibung der Stadt Ottin.
III.
Von Kriegsnoth.

Da die von Lübeck mit den Holsteinern kriegeten/namen sie zwar Oitin ein/aber König Christianus der Dritte in Dennemarck hats balde wider einbekommenn/durch hülff vnd rath Herrn Johansen/geschehen im Tausent/fünffhundert vnd vier vnd dreissigsten Jahr.

IV.
Vom Wapen dieses Städleins.

Das Wapen dieses Stedtleins ist ein schlecht gros Nesselblat/ allerding/ wie das Holsteinische Wapen/ ausgenomen/ das das wort *VTIN* dabey stehet.

Beschreibung der Stad Meldorff. 87

Das Acht vnd Zwanzigste Capitel/

Von Meldorff.

I.
Vom Namen des Städleins Meldorff.

ELdorff hat den Namen von dem Wesserlein Wilde/ so allda fürüber leufft/ das es so viel heist/ als Wildendorff.

II.
Vom Sitz oder Lager.

Meldorff/ obs wol nicht gar gros/ vnd darzu auch vnbemawret ist/ So ists doch gleichwol die Heuptstadt im Lande Dithmarschen/ welches die Holsteintsche Fürsten/ sampt dem Könige in Dennemarck/ im tausent fünff hundert vnd Neun vnd funfftzigsten Jahr nach Christi Geburt/ vnter sich gebracht haben.

III.
Von Fewer vnd Kriegsnoth.

Im tausent/ vier hundert vnd dritten Jahr/ zog Graff Gerhard von Schleswick/ dis namens der Erste/ sampt seinem Bruder/ Graff Albrechten von Holstein/ in Dithmarschen/ aus anregung des Adels in Holstein. Auch baweten die Holsteiner vor dem Stedlein Meldorff zu Delbinck eine Vestung/ welche sie eine lange zeit erhielten.

Beschreibung der Stad Meldorff.

Es machten sich wol die Lithmarschen dran/ vnnd hetten sie gerne gestürmet: Sie wurden aber offt abgetrieben/ mit verlust sehr vieles Volcks. Meldorff gewonnen die Holsteiner mit stürmender Hand/ vnd trawete sich doch niemand vnter jhnen im Stedlein/ vber Nacht zu bleiben/ darumb das es nicht verwaret war.

Im Ein tausent vnd fünff hunderten jar nach Christi Geburt/ hat König Johannes in Dennemarck die Dithmarschen vberzogen/ ist für Meldorff gerückt/ vnd als er etliche vergebliche Schüsse dafür gethan/ hat ers endlich erobert vnd eingenommen/ Wer da hat fliehen können/ der ist geflohen. An den andern allen/ Jungen vnd Alten/ Man vnd Weibspersonen/ hat man sich grawsamlich bewiesen/ auff das man ein schrecken vnter sie brechte/ vnd sie sich desto williger möchten ergeben.

Im Tausent/ Fünffhundert vnd Neun vnd funfftzigsten Jahr/ da gantz Dithmarschen vom Könige in Dennemarck/ vnd von den Holsteinischen Fürsten/ eingenomen/ ist Meldorff geplündert worden.

Vom

Beschreibung der Stad Meldorff. 89

IIII.
Vom Wapen dieses Städleins.

Js Stedlein Meldorff hat zum Wapen vnd Insigel eine schöne grosse Burg mit fünff Thürmen / wie diese Figur ausweiset.

M. Das

Das Neun vnd Zwan-
zigste Capitel/
Vom Städlein Heide.

I.

Vom Namen dieses Städtleins.

Is Stedtlein mag vielleicht daher den Namen haben / das an demselben ort vorzeiten eine Heide/ das ist / ein Forst / oder Waldt (wie es andere Teutschen nennen) gewesen ist. Wie denn auch noch heut zu Tage nicht ferne davon ein Waldt stehet.

II.

Vom Situ oder Lager dieses Städleins.

Es ligt die Stedlein im Lande Dithmarschen/ zwischen Weldorff vnd Lunden.

III.

Von Kriegsnoth.

Im letzten Dithmarischen Kriege / so im tausent / Fünffhundert vnd Neun vnd funfftzigsten Jahr nach Christi Geburt gewesen/ ist die Stedtlein zu grunde ausgebrand vnd eingeeschert worden.

IIII.

Vom Wapen deß
Städleins Heyde.

As Wapen vnd Insigel dieses Stedleins
ist S. Georgius der Ritter / der mit einem Spies in voller Rüstung/einen
Drachen ersticht/ wie folgend zu sehen.

Das Dreissigste Capitel/

Vom Städtlein Lunden.

Vn Lunden weis ich alhie nichts anders zu melden/den irdas es in Dithmarschen/fast am Eyderstrom/lige/vnd das es zum Wapen habe einen halben Adelek zur Rechten/vnd eine hangende Röste zur lincker hand/wie aus nachfolgender Figur zusehen.

Das

Das Ein vnd Dreissigste Capitel/

Vom Stedtlein Tönningen.

I.

Vom Namen des Städleins Tönningen.

Tönningen sol den Namen von einer Tonnen haben. Wie denn auch Jonas von Elverfeldt bekennet/da er also schreibet:

Nec t'amen illa minus cultus exercet agrestes,
Qua sua de parvo nomine vase tenet.

Aus was vrsachen aber dis Stedtlein solchen Namen bekommen/kan ich nicht wissen.

II.

Vom Situ oder Lager.

Es ligt dis Stedlein in *Frisia Pydorensi*/oder in der Peninsel Eydorstadt/vom wasserfluss *Eydora* (die Eydor) so die Grentze ist zwischen Dithmarschen vnd diesem Lendlein also genandt.

III.
Vom Erbawer.

Es ist dis Stedlein nicht gar alt/ sondern nimmet noch jmmer von tage zu tage zu. Der Durchleuchtige Hochgeborne Fürst vnd Herr / Herr Adolph/ Hertzog zu Schleswick vñ Holstein (Christmilder vnd seliger gedechtnus) hat im Tausent/ Fünffhundert vnd Drey vnd achtzigsten Jahr ein schönes Schloß allda am Eyderstrom küssen auffbawen.

IIII.
Vom Wapen dieses Städtleins.

Dis Stedlein hat zum Wapen eine Tonne/ wie folgend zu sehen.

Beschreibung der Stad Gardingen.

Das Zwey und Dreissigste
Capitel/ Vom Städlein Gardingen.

I.
Vom Situ oder Lager.

Ardingen ligt auch in Eydorstad/ ein Weilweges von Tönningen/ vnd drey von Husem/ fast in der mitten/ zwischen den beyden beruffenen Wassern/ die Hever vnd Eydor/ so Eydorstadt gegen Mitternacht vnd Mittag vmbgeben/ vnnd darauff in die Westsee fallen.

II.
Vom Wapen dieses Städleins.

Gardingen hat zum Wapen vnd Insigel eine solche Kirche/ wie diese Figur ausweiset.

ENDE.